GOTAS DE PAZ

Chico Xavier

PELO ESPÍRITO
EMMANUEL

GOTAS DE PAZ

Copyright © 2014 *by*
FEDERAÇÃO ESPÍRITA BRASILEIRA – FEB

Direitos licenciados pelo Centro Espírita União à Federação Espírita Brasileira
CENTRO ESPÍRITA UNIÃO – CEU
Rua dos Democratas, 527 – Jabaquara
CEP 04305-000 – São Paulo (SP) – Brasil

2ª edição – Impressão pequenas tiragens – 8/2025

ISBN 978-65-5570-537-9

Todos os direitos reservados. Nenhuma parte desta publicação pode ser reproduzida, armazenada ou transmitida, total ou parcialmente, por quaisquer métodos ou processos, sem autorização do detentor do *copyright*.

FEDERAÇÃO ESPÍRITA BRASILEIRA – FEB
SGAN 603 – Conjunto F – Avenida L2 Norte
70830-106 – Brasília (DF) – Brasil
www.febeditora.com.br
editorial@febnet.org.br
+55 61 2101 6161

Pedidos de livros à FEB
Comercial
Tel.: (61) 2101 6161 – comercial@febnet.org.br

Adquirindo esta obra, você está colaborando com as ações de assistência e promoção social da FEB e com o Movimento Espírita na divulgação do Evangelho de Jesus à luz do Espiritismo.

Dados Internacionais de Catalogação na Publicação (CIP)
(Federação Espírita Brasileira – Biblioteca de Obras Raras)

E54g	Emmanuel (Espírito)
	Gotas de paz / pelo Espírito Emmanuel; [psicografado por] Francisco Cândido Xavier. – 2. ed. – Impressão pequenas tiragens – Brasília: FEB; São Paulo: CEU, 2025.
	60 p.; 15 cm
	ISBN 978-65-5570-537-9
	1. Espiritismo. 2. Obras psicografadas I. Xavier, Francisco Cândido, 1910–2002. II. Federação Espírita Brasileira. III. Título.
	CDD 133.93
	CDU 133.7
	CDE 80.03.00

---

*Examina os teus desejos e vigia
os próprios pensamentos,
porque, onde situares o coração,
aí a vida te aguardará com as
asas do bem ou com as algemas do mal.*

EMMANUEL
(XAVIER, F. C. *MEDIUNIDADE E SINTONIA*. CEU)

> *Quem estiver procurando a inspiração dos Anjos não se esqueça dos lugares onde os anjos colaboram com o Céu, diminuindo o sofrimento e a ignorância na Terra.*
>
> **EMMANUEL**
> (XAVIER, F. C. *MEDIUNIDADE E SINTONIA*. CEU)

Ama o serviço que o Senhor te confiou, por mais humilde que seja, e oferece-lhe as tuas melhores forças, porque, do que hoje fazes bem, no proveito de todos, retirarás amanhã o justo alimento para a obra que te erguerá do insignificante esforço terrestre para o trabalho espiritual.

EMMANUEL
(XAVIER, F. C. *MEDIUNIDADE E SINTONIA*. CEU)

Sumário

Gotas de paz 10
Pensamentos de Emmanuel............. 11
1 a 40 .... 13 - 52

Gotas de paz[1]

Tão pequeninas, as gotas d'água reunidas formam os mares, os rios e as fontes que sustentam a vida na Terra.

Sem elas, o nosso mundo seria apenas um imenso deserto.

Assim são as palavras. Isoladas, são desenhos diminutos, sem muita expressão.

Entretanto, reunidas pela inteligência humana, formam os livros, os poemas e os documentos que ilustram os povos. Sem elas, não teríamos a história da Humanidade.

EMMANUEL
UBERABA (MG), 22 DE NOVEMBRO DE 1992.

---

1   *Pensamentos de Emmanuel*

*Pensamentos
de Emmanuel*

Lembremo-nos que a Terra é simplesmente um degrau em nossa escalada para os cimos resplendentes da vida e, acordados para as oportunidades do serviço, avancemos para diante, aprendendo e amando, auxiliando aos outros e renunciando a nós mesmos, na certeza de que, assim, caminharemos do infortúnio de ontem para a felicidade de amanhã.

EMMANUEL
(XAVIER, F. C. *MEDIUNIDADE E SINTONIA*. CEU)

1

Em qualquer crise da existência, conserva a calma construtiva, uma vez que os nossos estados mentais são contagiosos e, asserenando os outros, estaremos especialmente agindo em auxílio a nós mesmos.

2

Quem se encontre imóvel no tempo recorde que o tempo não para nem retrocede.

3

Cada pessoa com a qual entres em contato é uma página do livro que estás escrevendo com a própria vida.

4

Não exijas de alguém aquilo que esse alguém ainda não te pode dar.

5

Aceita o fracasso por base de recomeço.

6

Deus nos releva as faltas na certeza de que aprenderemos igualmente a perdoar as ofensas e os erros alheios.
E Deus não sai do silêncio para se promover, esperando que cada um de nós, frente uns aos outros, possa também fazer isso.

7

Todo rio procede de uma nascente simples.

A maioria dos incêndios se alteia de uma faísca.

Assim também sucede com o suicídio e a delinquência: a reclamação demasiadamente repetida; o grito inesperado desarticulando o equilíbrio emocional de quem ouve; o gesto de irritação; a frase de crítica; a explosão do ciúme; o confronto infeliz; a queixa exagerada; a exigência sem razão; a palavra de insulto; a resposta à base de zombaria; ou o compromisso desprezado...

Qualquer dessas manifestações, aparentemente sem importância, pode ser o início de lamentáveis perturbações.

8

Valoriza o tempo e não te concedas o luxo das horas vazias.

9

Vive a própria vida e deixa que os outros vivam a existência que o Céu lhes concedeu.

10

Recorda: toda criatura neste mundo tem um recado a dizer. Aquilo que fazes é a notícia de tua presença.

11

A paz em ti será paz nos outros e em todos nós. Seja aqui ou além, necessitamos de paz, a fim de viver fazendo o melhor.

12

Usa a paciência e a tolerância.

13

Age sem apego.

14

Há sempre alguém naufragando no mar das dificuldades humanas. Alonga o próprio olhar e identificarás as oportunidades de servir que se destacam à mostra.

15

Não reclames nos outros qualidades que ainda não possuis.

16

Não olvides o treinamento de coragem e de bom ânimo, dos quais necessitarás nos momentos difíceis da vida.

17

Colabora, quanto possível, no bem dos semelhantes, sem exigir remunerações.

18

Hoje é possível que este ou aquele amigo necessite de ti, entretanto, amanhã, é possível sejamos nós os necessitados.

19

Em qualquer agitação exterior, mantém a serenidade necessária para que não destrua a formação do auxílio que já estará na direção do teu próprio endereço.

20

Conserva a fé em Deus e em ti mesmo.

21

Deus nos concede o privilégio de trabalhar, a fim de agirmos por nós mesmos, e para que tenhamos a bênção de substituir aqueles que ainda não entendem a felicidade de trabalhar.

22

Muitas vezes, a joia que perdeste te livrou de perigosa agressão.

23

Para quantos confiam na Divina Providência, surge sempre um caminho para a solução dos problemas que se lhes fizeram necessários.

24

Venham as crises e as dificuldades que vierem, resguarda-te na tolerância e espera.

25

Todos aqueles que confiam em Deus, que lhe sentem a presença, que lhe aceitam os desígnios, que lhe ouvem a voz no imo da consciência, que bendizem o lugar em que Deus os colocou, que suportam dificuldades e tropeços, sem revolta e sem queixa, na certeza de que se acham sob a proteção de Deus, que procuram servir ao próximo em seu nome, e que esquecem as ofensas sofridas, lembrando-lhe a misericórdia, jamais cairão em qualquer vale do desespero.

26

Se alguém te fere, desculpa e esquece,
lembrando que o espinho dilacera
porque não tem a contextura da flor.

27

Em todos os lances constrangedores da experiência humana, é razoável nos façamos a palavra de bom ânimo e o gesto de apoio espontâneo para todos aqueles que nos cercam.

28

Ama sempre, sem reclamar compensações que talvez te fizessem parar na trilha para o bem. Sobretudo, não acredites em facilidades ou vantagens sem preço.

29

Quem fala de paciência se refere à esperança. Em vista disso, paciência quer dizer: "saber esperar".

30

Não dramatizes os obstáculos em que te encontras perdendo tempo.
Continua agindo e servindo para o bem. O teu silêncio falará por ti muito mais.

31

Por maiores se te façam as tribulações terrestres, não percas a fé na Providência Divina.
Dificuldades aparecem.
Sonhos caem, à maneira de flores, para se transformarem nos frutos da experiência.
Surgem doenças, conflitos, entraves e inquietações.
O desânimo te ameaça.
Entretanto, não te deixes abater.
Continua oferecendo à vida o melhor de ti mesmo, trabalhando e servindo sempre.
E, assim, chegará o momento em que descobrirás, no próprio coração, a presença de Deus.

32

Nunca prejudicarás a alguém sem prejudicar-te e nunca beneficiarás a essa ou aquela pessoa sem beneficiar a ti mesmo.

33

O remorso é um lampejo de Deus sobre o complexo de culpa que se expressa por enfermidade da consciência.
O sofrimento é a terapia de Deus, destinada a erradicá-la.

34

Se alguém te ofendeu, perdoa sem delonga. Se feriste a outrem, reconsidera o gesto impensado e solicita desculpas de imediato.

35

Companheiros se foram? Deus jamais te abandona.

36

Conserva as diretrizes do bem e segue com Deus.
Age.
Deus te inspira.
Cala-te.
Deus falará por ti no idioma das circunstâncias.
Não temas.
Deus está velando.
Trabalha e auxilia aos outros.
Deus trabalha por ti.

37

Progresso é sinônimo de suor. Sublimação é o outro nome da renúncia.

38

Não te omitas na hora da provação.

39

Onde estiveres, recorda que Deus nos ama e guia sempre.

40

Não temas o caminho. Onde o bem permanece, Deus está.

GOTAS DE PAZ				
EDIÇÃO	IMPRESSÃO	ANO	TIRAGEM	FORMATO
1	1	2019	1.000	7,5x10
1	2	2020	2.000	7,5x10
2	IPT*	2023	650	10x15
2	IPT	2024	400	10x15
2	IPT	2024	240	10x15
2	IPT	2025	350	10x15

*Impressão pequenas tiragens

O EVANGELHO NO LAR

Quando o ensinamento do Mestre vibra entre quatro paredes de um templo doméstico, os pequeninos sacrifícios tecem a felicidade comum.[1]

Quando entendemos a importância do estudo do Evangelho de Jesus, como diretriz ao aprimoramento moral, compreendemos que o primeiro local para esse estudo e vivência de seus ensinos é o próprio lar.

É no reduto doméstico, assim como fazia Jesus, no lar que o acolhia, a casa de Pedro, que as primeiras lições do Evangelho devem ser lidas, sentidas e vivenciadas.

O espírita compreende que sua missão no mundo principia no reduto doméstico, em sua casa, por meio do estudo do Evangelho de Jesus no Lar.

Então, como fazer?

Converse com todos que residem com você sobre a importância desse estudo, para que, em família, possam compreender melhor os ensinamentos cristãos, a partir de um momento de união fraterna, que se desenvolverá de maneira harmônica e respeitosa. Explique que as reflexões conjuntas acerca do Evangelho permitirão manter o ambiente da casa espiritualmente saneado, por meio de sentimentos e pensamentos elevados, favorecendo a presença e a influência de Mensageiros do Bem; explique, também, que esse momento facilitará, em sua residência, a recepção do amparo espiritual, já que auxilia na manutenção de elevado padrão vibratório no ambiente e em cada um que ali vive.

Convide sua família, quem mora com você, para participar. Se mora sozinho, defina para você esse momento precioso de estudo e reflexões. Lembre-se de que, espiritualmente, sempre estamos acompanhados.

Escolha, na semana, um dia e horário em que todos possam estar presentes.

O tempo médio para a realização do Evangelho no Lar costuma ser de trinta minutos.

---

[1] XAVIER, Francisco Cândido. *Luz no lar*. Por Espíritos diversos. 12. ed. 7. imp. Brasília: FEB, 2018. Cap. 1.

As crianças são bem-vindas e, se houver visitantes em casa, eles também podem ser convidados a participar. Se não forem espíritas, apenas explique a eles a finalidade e importância daquele momento.

O seguinte roteiro pode ser utilizado como sugestão:

1. Preparação: leitura de mensagem breve, sem comentários;
2. Início: prece simples e espontânea;
3. Leitura: *O evangelho segundo o espiritismo* (um ou dois itens, por estudo, desde o prefácio);
4. Comentários: breves, com a participação dos presentes, evidenciando o ensino moral aplicado às situações do dia a dia;
5. Vibrações: pela fraternidade, paz e pelo equilíbrio entre os povos; pelos governantes; pela vivência do Evangelho de Jesus em todos os lares; pelo próprio lar...
6. Pedidos: por amigos, parentes, pessoas que estão necessitando de ajuda...
7. Encerramento: prece simples, sincera, agradecendo a Deus, a Jesus, aos amigos espirituais.

As seguintes obras podem ser utilizadas nesse momento tão especial:

- *O evangelho segundo o espiritismo*, como obra básica;
- *Caminho, verdade e vida*; *Pão nosso*; *Vinha de luz*; *Fonte viva*; *Agenda cristã*.

Esse momento no lar não se trata de reunião mediúnica e, portanto, qualquer ideia advinda pela via da intuição deve permanecer como comentário geral, a ser dito de maneira simples, no momento oportuno.

No estudo do Evangelho de Jesus no Lar, a fé e a perseverança são diretrizes ao aprimoramento moral de todos os envolvidos.

O LIVRO ESPÍRITA

Cada livro edificante é porta libertadora.

O livro espírita, entretanto, emancipa a alma nos fundamentos da vida.

O livro científico livra da incultura; o livro espírita livra da crueldade, para que os louros intelectuais não se desregrem na delinquência.

O livro filosófico livra do preconceito; o livro espírita livra da divagação delirante, a fim de que a elucidação não se converta em palavras inúteis.

O livro piedoso livra do desespero; o livro espírita livra da superstição, para que a fé não se abastarde em fanatismo.

O livro jurídico livra da injustiça; o livro espírita livra da parcialidade, a fim de que o direito não se faça instrumento da opressão.

O livro técnico livra da insipiência; o livro espírita livra da vaidade, para que a especialização não seja manejada em prejuízo dos outros.

O livro de agricultura livra do primitivismo; o livro espírita livra da ambição desvairada, a fim de que o trabalho da gleba não se envileça.

O livro de regras sociais livra da rudeza de trato; o livro espírita livra da irresponsabilidade que, muitas vezes, transfigura o lar em atormentado reduto de sofrimento.

O livro de consolo livra da aflição; o livro espírita livra do êxtase inerte, para que o reconforto não se acomode em preguiça.

O livro de informações livra do atraso; o livro espírita livra do tempo perdido, a fim de que a hora vazia não nos arraste à queda em dívidas escabrosas.

Amparemos o livro respeitável, que é luz de hoje; no entanto, auxiliemos e divulguemos, quanto nos seja possível, o livro espírita, que é luz de hoje, amanhã e sempre.

O livro nobre livra da ignorância, mas o livro espírita livra da ignorância e livra do mal.

Emmanuel[1]

---

[1] Página recebida pelo médium Francisco Cândido Xavier, em reunião pública da Comunhão Espírita Cristã, na noite de 25 de fevereiro de 1963, em Uberaba (MG), e transcrita em *Reformador*, abr. 1963, p. 9.

LITERATURA ESPÍRITA

Em qualquer parte do mundo, é comum encontrar pessoas que se interessem por assuntos como imortalidade, comunicação com Espíritos, vida após a morte e reencarnação. A crescente popularidade desses temas pode ser avaliada com o sucesso de vários filmes, seriados, novelas e peças teatrais que incluem em seus roteiros conceitos ligados à Espiritualidade e à alma.

Cada vez mais, a imprensa evidencia a literatura espírita, cujas obras impressionam até mesmo grandes veículos de comunicação devido ao seu grande número de vendas. O principal motivo pela busca dos filmes e livros do gênero é simples: o Espiritismo consegue responder, de forma clara, perguntas que pairam sobre a Humanidade desde o princípio dos tempos. Quem somos nós? De onde viemos? Para onde vamos?

A literatura espírita apresenta argumentos fundamentados na razão, que acabam atraindo leitores de todas as idades. Os textos são trabalhados com afinco, apresentam boas histórias e informações coerentes, pois se baseiam em fatos reais.

Os ensinamentos espíritas trazem a mensagem consoladora de que existe vida após a morte, e essa é uma das melhores notícias que podemos receber quando temos entes queridos que já não habitam mais a Terra. As conquistas e os aprendizados adquiridos em vida sempre farão parte do nosso futuro e prosseguirão de forma ininterrupta por toda a jornada pessoal de cada um.

Divulgar o Espiritismo por meio da literatura é a principal missão da FEB, que, há mais de cem anos, seleciona conteúdos doutrinários de qualidade para espalhar a palavra e o ideal do Cristo por todo o mundo, rumo ao caminho da felicidade e plenitude.

CARIDADE: AMOR EM AÇÃO

Sede bons e caridosos: essa a chave que tendes em vossas mãos. Toda a eterna felicidade se contém nesse preceito: "Amai-vos uns aos outros". KARDEC, Allan. *O evangelho segundo o espiritismo*, cap. 13, it. 12.

A Federação Espírita Brasileira (FEB), em 20 de abril de 1890, iniciou sua *Assistência aos Necessitados* após sugestão de Polidoro Olavo de S. Thiago ao então presidente Francisco Dias da Cruz. Durante oitenta e sete anos, esse atendimento representava o trabalho de auxílio espiritual e material às pessoas que o buscavam na Instituição. Em 1977, esse serviço passou a chamar-se Departamento de Assistência Social (DAS), cujas atividades assistenciais nunca se interromperam.

Desde então, a FEB, por seu DAS, desenvolve ações socioassistenciais de proteção básica às famílias em situação de vulnerabilidade e risco socioeconômico. Fortalece os vínculos familiares por meio de auxílio material e orientação moral-doutrinária com vistas à promoção social e crescimento espiritual de crianças, jovens, adultos e idosos.

Seu trabalho alcança centenas de famílias. Doa enxovais para recém-nascidos, oferece refeições, cestas de alimentos, cursos para jovens, serviços de convivência e fortalecimento de vínculos para idosos e organiza doações de itens que são recebidos na Instituição e repassados a quem necessitar.

Essas atividades são organizadas pelas equipes do DAS e apoiadas com recursos financeiros da Instituição, dos frequentadores da Casa e por meio de doações recebidas, num grande exemplo de união e solidariedade.

Seja sócio-contribuinte da FEB, adquira suas obras e estará colaborando com o seu Departamento de Assistência Social.

O QUE É ESPIRITISMO?

O Espiritismo é um conjunto de princípios e leis revelados por Espíritos Superiores ao educador francês Allan Kardec, que compilou o material em cinco obras que ficariam conhecidas posteriormente como a Codificação: *O livro dos espíritos*, *O livro dos médiuns*, *O evangelho segundo o espiritismo*, *O céu e o inferno* e *A gênese*.

Como uma nova ciência, o Espiritismo veio apresentar à Humanidade, com provas indiscutíveis, a existência e a natureza do Mundo Espiritual, além de suas relações com o mundo físico. A partir dessas evidências, o Mundo Espiritual deixa de ser algo sobrenatural e passa a ser considerado como inesgotável força da Natureza, fonte viva de inúmeros fenômenos até hoje incompreendidos e, por esse motivo, são tidos como fantasiosos e extraordinários.

Jesus Cristo ressaltou a relação entre homem e Espírito por várias vezes durante sua jornada na Terra, e talvez alguns de seus ensinamentos pareçam incompreensíveis ou sejam erroneamente interpretados por não se perceber essa associação. O Espiritismo surge então como uma chave, que esclarece e explica as palavras do Mestre.

A Doutrina Espírita revela novos e profundos conceitos sobre Deus, o Universo, a Humanidade, os Espíritos e as leis que regem a vida. Ela merece ser estudada, analisada e praticada todos os dias de nossa existência, pois o seu valioso conteúdo servirá de grande impulso à nossa evolução.

www.febeditora.com.br
 @febeditoraoficial
 @febeditora

Conselho Editorial:
Carlos Roberto Campetti
Cirne Ferreira de Araújo
Evandro Noleto Bezerra
Geraldo Campetti Sobrinho – Coord. Editorial
Jorge Godinho Barreto Nery – Presidente
Maria de Lourdes Pereira de Oliveira
Miriam Lúcia Herrera Masotti Dusi

Produção Editorial:
Elizabete de Jesus Moreira

Revisão:
Elizabete de Jesus Moreira
Rosiane Dias Rodrigues

Capa:
Evelyn Yuri Furuta

Projeto Gráfico:
Evelyn Yuri Furuta
Thiago Pereira Campos

Diagramação:
Thiago Pereira Campos

Foto de Capa:
Acervo FEB

Normalização Técnica:
Biblioteca de Obras Raras e Documentos Patrimoniais do Livro

Esta edição foi impressa no sistema de Impressão pequenas tiragens, em formato fechado de 100x150 mm e com mancha de 57x80 mm. Os papéis utilizados foram o Off white 80 g/m² para o miolo e o Cartão 250 g/m² para a capa. O texto principal foi composto em fonte Kepler Std Light 13/15 e os títulos em Kepler Std Light Italic 22/23. Impresso no Brasil. *Presita en Brazilo.*